SOMMAIRE

W0028113

INTRODUCTION

Activités d'écoute

La compréhension de l'oral présente souvent des difficultés pour les élèves. Contrairement à l'écrit que chacun peut lire à son rythme, l'oral est immédiat et le rythme dépend du locuteur. Dans la plupart des situations authentiques on ne peut écouter qu'une seule fois. Des activités d'écoute sont donc indispensables pour s'entraîner à comprendre l'oral authentique. Malheureusement dans les méthodes on insiste souvent sur l'écrit ou sur la grammaire et le lexique sans trop s'arrêter sur les activités d'écoute.

Public

Ces fiches constituent un matériel complémentaire pour les élèves ou les étudiants de français débutants ou faux débutants qui peut s'adapter à n'importe quelle méthode. Puisqu'elles sont photocopiables leur utilisation est très souple.
Ce n'est pas un livre que les élèves doivent apporter en classe, ni que les parents doivent acheter. Le professeur peut donner une fiche à chaque élève pour travailler en classe mais aussi pour continuer le travail à la maison.

Objectifs et méthodologie

Puisque la compréhension de l'oral présente pas mal de difficultés, souvent les élèves se découragent et ne font plus d'efforts pour comprendre. Notre objectif est d'éviter aux élèves cette frustration en montrant qu'on peut toujours comprendre quelque chose.

- Notre parcours de réussite commence par une introduction au sujet. L'expérience montre que, si l'on sait de quoi l'interlocuteur va parler, on a plus de chances de comprendre. Avant d'écouter on aborde le sujet par des exercices : questions, recherche lexicale, prise de notes, qui vont en faciliter la compréhension. Dans une situation de communication authentique il y a plusieurs éléments qui contribuent à la compréhension : la vision, le gestuel, la mimique. Ici nous avons recours au dessin.

- Les mots clés du discours sont un élément indispensable pour une bonne compréhension. Si ces mots sont inconnus, difficilement on peut arriver à un bon degré de compréhension. Dans ce cas, il faut d'abord donner les mots clés aux élèves avant d'aborder l'écoute. Voilà la raison pour laquelle souvent nos fiches commencent par une activité de lexique. Si le professeur juge que certains mots importants pour la compréhension n'ont pas été suffisamment illustrés dans cette phase de préparation, il pourra intégrer l'exercice avec les mots qu'il juge indispensables. Par conséquent, il faut que l'enseignant lise attentivement la transcription de chaque dialogue à la fin de cet ouvrage pour repérer ce type de mots.

- Il est aussi important de rappeler qu'une activité d'écoute ne signifie pas une compréhension à 100% du texte, et qu'une activité de grammaire n'est pas notre objectif en ce moment. Ce qui nous intéresse, c'est une compréhension globale qui nous permette de répondre aux questions suivantes. Si on s'arrête à une compréhension mot à mot, les élèves seront nécessairement frustrés à la première difficulté.

Comment utiliser ces fiches.

Ces fiches ne suivent aucun ordre progressif et vous pouvez les utiliser comme que vous préférez. Toutefois, même s'il n'y a pas de véritable progression au niveau du langage les premières fiches sont plus faciles que les dernières. Vous pouvez choisir une fiche parce qu'elle présente un champ lexical particulier que vos élèves doivent réviser, ou encore vous pouvez choisir une fiche parce qu'on y travaille une question de grammaire que vous venez d'enseigner, ou encore parce qu'on y trouve une activité qui vous intéresse comme prendre des notes, ou répondre au téléphone.

Le tableau des contenus que vous trouvez aux pages 6 et 7 vous donne un aperçu rapide des actes de paroles, du champ lexical et du contenu linguistique des activités de chaque fiche.

Chaque fiche demande entre trente et quarante minutes de travail. Souvent le dernier exercice est une activité d'écriture qu'on peut donner à faire à la maison. Cela réduit le temps du travail en classe entre quinze et vingt minutes.

Même si dans une situation de communication authentique on n'a qu'une seule écoute, vous pouvez décider de faire repasser l'enregistrement deux ou trois fois et, si cela est nécessaire, vous pouvez arrêter le magnétophone après chaque phrase pour laisser aux élèves le temps de faire l'exercice.

Les transcriptions se trouvent aux pages 38-47.

CONTENUS

CONTENTS

1. Regardez les images et complétez les bulles.

.... Monsieur
.... Pierre
.... Hélène
.... ma chérie !

A    **B**    **C**    **D**

2. ▶ Écoutez et dites dans quel dialogue

on souhaite bon voyage ☐

on souhaite bonne nuit ☐

on présente une collègue ☐

on présente une amie ☐

3. ▶ Écoutez et dites dans quel dialogue les personnes qui parlent sont

la mère et la fille ☐

trois adolescents ☐

trois collègues ☐

deux amis ☐

4. ▶ Écoutez et dites dans quel dialogue la situation se passe

au lycée ☐

dans la rue ☐

au bureau ☐

à la maison ☐

5. ▶ Écoutez encore et complétez les phrases suivantes.

Au revoir et ....

Merci, ...

.... maman.

.... mademoiselle.

1. **Complétez votre fiche.**

nom
....

prénom
....

lieu et date de naissance
....

nationalité
....

adresse
....

....

2. ▶ **Écoutez le document n°1, mettez un V si les phrases sont vraies ou un F si elles sont fausses.**
Corrigez les fausses.

1. Chantal veut s'inscrire à un Club. ☐ ....
2. Elle s'appelle Moriaud. ☐ ....
3. Son nom est Chantal. ☐ ....
4. Elle est née le 15 août. ☐ ....
5. Elle est née en 1942. ☐ ....
6. Elle est née à Tours. ☐ ....
7. Elle n'habite pas Orléans. ☐ ....
8. La secrétaire va préparer sa carte. ☐ ....

3. ▶ **Écoutez le document n°2 et écrivez les prénoms qu'on épelle.**

1 ....
2 ....
3 ....
4 ....
5 ....
6 ....
7 ....
8 ....
9 ....
10 ....

(3) PORTRAITS

1. **Écrivez sous chaque dessin la définition correspondante.**

la natation	la danse	le ski	le tennis	l'alpinisme

1 .... **2** .... **3** .... **4** .... **5** ....

2. ▶ **Écoutez et complétez la grille.**

Prénom	âge	ville d'origine	école	passe-temps
Marina		Aix en Provence		
Christian				
Robert			collège	
Alice				

3. ▶ **Écoutez encore et mettez une croix dans la bonne colonne.**

	vrai	faux	on ne sait pas
1. Marina est brune.			
2. Christian est grand.			
3. Robert est petit.			
4. Marina est frisée.			
5. Alice est blonde.			
6. Robert est brun.			
7. Alice a les yeux verts.			
8. Christian a les yeux bleus.			

4. **Avec les éléments suivants formez des phrases.**

Exemple : *Marina aime le cinéma*

		le cinéma
Marina		du ski
Christian	fait	de la danse
Robert	aime	la neige
Alice	adore	de l'informatique
		du tennis
		les langues étrangères
		lire

5. **Faites le portrait d'un de vos copains.**

1. Écrivez une phrase sous chaque dessin.

elle écoute la radio
ils jouent aux cartes
il regarde la télé
ils dansent
il lit un roman
elle va au cinéma

A ....

B ....

C ....

D ....

E ....

F ....

2. Écoutez et mettez une croix dans la bonne colonne.

	vrai	faux	on ne sait pas
1. Jean regarde un match à la télé.			
2. Olivier aime lire.			
3. Éliane va à la discothèque avec Hélène.			
4. Jacques n'aime pas le cinéma.			
5. Éric joue aux cartes.			
6. Ce soir à la télé il y a un film intéressant.			
7. Les copains font tous la même chose.			

3. Complétez le dialogue.

Sabine : *Regarde, ... , on ne peut pas sortir.*

André : *Qu'est-ce qu'on fait ? On joue ....?*

Sabine : *Non, je n'aime pas les cartes.*

André : *On .... la télé ? Qu'est-ce qu'il y a ?*

Sabine : *Il n'y a .... d'intéressant et puis j'ai mes .... à faire.*

André : *Moi ...., j'ai des devoirs. Puisqu'il n'y a rien de .... à faire, faisons nos devoirs.*

aussi - regarde - devoirs - il pleut - mieux - aux cartes - rien

1. **Écoutez et complétez avec les signes des opérations,**
puis calculez les résultats.

1 2 ...... 5 ...... = ...   **4** 3 ...... 5 ...... = ...

2 12 ...... 4 ...... = ...   **5** 14 ...... 6 ...... = ...

3 18 ...... 3 ...... = ...   **6** 19 ...... 15 ...... = ...

2. **Écoutez et écrivez l'opération à côté du résultat qui convient.**

1 .... = 28

2 .... = 11

3 .... = 16

4 .... = 13

5 .... = 21

6 .... = 15

7 .... = 18

8 .... = 19

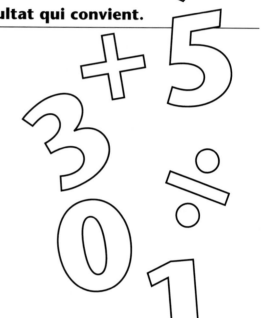

3. **Écoutez et écrivez en chiffres.**

1 ....

2 ....

3 ....

4 ....

5 ....

6 ....

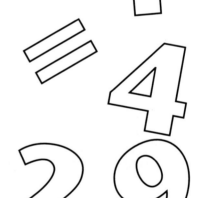

4. **Écrivez en lettres.**

1 87 ....

2 95 ....

3 68 ....

4 72 ....

5 99 ....

6 46 ....

7 153 ....

8 335 ....

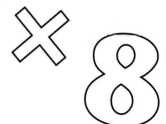

1. **Pour une fête d'anniversaire qu'est-ce qu'il faut ? Barrez ce qui ne convient pas et écrivez les noms de ce qu'il faut.**

Pour une fête d'anniversaire il faut

....

....

....

....

....

....

....

....

2. **Écoutez et avec les éléments suivants composez des phrases.**

j'apporte ....

on peut faire ....

vous êtes ....

bonne soirée ....

je te souhaite ....

tu t'occupes ....

tous invités
"Bon anniversaire !"
à tous
de la musique
le gâteau
ce qu'on veut

3. **Écoutez et entourez la bonne réponse.**

1. Hélène fête son anniversaire quel jour ? vendredi - jeudi - samedi

2. À quelle heure elle invite ses amis ? à 9h - à 19h - à 21 h

3. Qui apporte le gâteau ? Marianne - Josiane - Florian

4. Pourquoi Olivier ne peut pas venir ? il va chez des amis - chez des cousins - chez ses grands - parents

4. **Vous invitez vos amis pour votre anniversaire. Écrivez la carte d'invitation.**

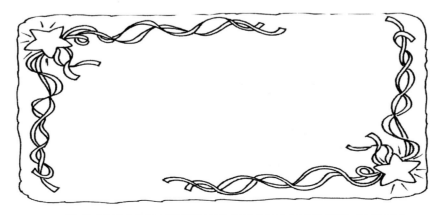

(7) CONSOMMATIONS

1. **Avec les mots suivants formez deux listes.**

Un café crème, un croissant, un sandwich, une glace, un café, une boisson, un thé, du lait, un pain au chocolat, un jus de fruits, de l'eau, un citron.

À manger : ....   À boire : ....

....

....

....

....

....

....

2. **Associez à chaque dessin la phrase qui convient.**

| Elle a chaud. |
| Elle a froid. |
| Il a soif. |
| Il a faim. |

| A | | B | | C | | D |

3. ▶ **Écoutez et écrivez à côté de chaque personne l'aliment et /ou la boisson qu'elle prend.**

Pierre : ....

Julie : ....

Martine : ....

Olivier : ....

4. ▶ **Écoutez et associez chaque dialogue à la situation correspondante.**

1. Un enfant et sa mère à la maison ☐

2. Un garçon et une fille au café ☐

3. Une femme chez un ami ☐

5. **Répondez à la forme négative.**

1. Vous avez des croissants ? ....

2. Vous voulez du thé ou du café ? ....

3. Vous prenez du jus d'orange ? ....

4. Vous voulez une glace ?

1. **Associez aux panneaux les indications correspondantes.**

   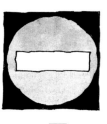

1. Tout droit
2. Tourner à droite
3. Sens interdit
4. Tourner à gauche

A ☐   B ☐   C ☐   D ☐

2. Écoutez et marquez le parcours de Béatrice sur le plan. À quel immeuble correspond la bibliothèque ?

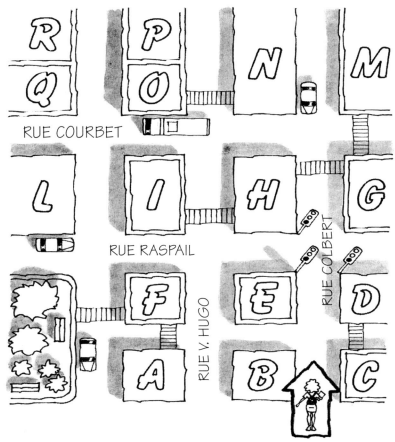

3. Écoutez et répondez aux questions.

1. Qu'est-ce que Sylvie doit faire ?
2. Où est-ce qu'elle doit aller ?
3. À quelle heure ?
4. Où est-ce qu'elle donne rendez-vous à Béatrice ?
5. Est-ce que Béatrice connaît le chemin ?

4. **Appelez un copain et donnez-lui des indications pour venir chez vous.**

1. **Remettez le dialogue dans le bon ordre en numérotant les phrases.**

Sandra : La jupe rose, dans la vitrine. ☐

La vendeuse : Mesdames... vous désirez ? ☐

Maman : Oui, c'est vrai, elle est jolie, mais elle coûte cher. 32 euros ! ☐

Sandra : Oui, d'accord. ☐

Sandra : Regarde maman, si elle est jolie ! ☐

Maman : Bon, si tu veux, on va entrer voir. ☐

Sandra : 38. ☐

Maman : Quoi ? ☐

Sandra : Pas tellement, elle est en soie, tu sais. ☐

La vendeuse : Oui, bien sûr ! Votre taille, s'il vous plaît ? ☐

Sandra : Je voudrais voir la jupe rose dans la vitrine ; je peux l'essayer ? ☐

2. ▶ **Écoutez et contrôlez votre dialogue.**

3. **Regardez ces objets et faites des comparaisons.**

Exemple :

La jupe noire est plus longue que la jupe blanche.

A ....

B ....

C ....

4. **Comparez deux fleuves, deux montagnes, deux lacs, deux villes, deux écoles.**
   Utilisez les adjectifs :

long	haut	profond	moderne	joli

1. .... 4. ....

2. .... 5. ....

3. ....

1. ▶ **Écoutez et entourez la réponse qui convient.**

1
A à Rome
B à Paris
C à Londres

2
A 21
B 26
C 24

3
A bleu, blanc, rouge
B vert, blanc, rouge
C noir, blanc, jaune

4
A les Pyrénées
B les Alpes
C le Jura

5
A à Bruxelles
B à Genève
C à Strasbourg

6
A le TGV
B le RER
C le TEE

7 N°5 CHANEL
A un joueur de football
B un parfum
C une chaîne télé

8
A au Sud
B à l'Ouest
C au Nord

9
A la Champagne
B la campagne
C le champagne

10
A francophones
B francophiles
C francofolies

2. ▶ **Écoutez et vérifiez vos réponses.**

3. **Préparez 5 questions pour un camarade.**

1 ....

2 ....

3 ....

4 ....

5 ....

1. **Attribuez les phrases suivantes à une personne qui appelle ou à une personne qui répond. Faites deux listes.**

a. Non il n'est pas là.

b. Allô, Philippe est là ?

c. Allô, je voudrais parler à Corinne, s'il vous plaît ?

d. Qui est à l'appareil ?

e. Il est occupé, vous patientez ?

f. Ne quittez pas, je vous le passe.

g. Est-ce que je pourrais parler à Jean ?

h. Vous pouvez me passer Monsieur Fleurus ?

i. Il n'est pas dans son bureau, je vous fais rappeler ?

j. C'est de la part de qui ?

k. Je peux laisser un message ?

l. Je vous rappelle dans quelques minutes.

Une personne qui appelle :

....

....

....

....

....

....

Une personne qui répond :

....

....

....

....

....

....

2. ▶ **Écoutez les dialogues au téléphone et dites dans quel appel**

a. la personne demandée est là. ☐

b. la personne demandée est occupée. ☐

c. la personne demandée n'est pas dans son bureau. ☐

d. la personne demandée n'est pas là. ☐

e. la personne qui appelle demande à être rappelée. ☐

f. la personne qui appelle laisse un message. ☐

g. la personne qui appelle attend la communication. ☐

h. la personne qui appelle va rappeler plus tard. ☐

3. **À deux jouez les situations suivantes.**

1. Vous appelez un camarade. Sa mère vous dit qu'il est sorti. Vous laissez un message.

2. Vous appelez un copain. Sa sœur trouve une excuse pour ne pas vous le passer. Vous insistez.

3. Vous appelez un camarade. Sa mère vous dit qu'il n'est pas encore rentré et vous demande de rappeler plus tard.

1. Écrivez sous chaque image le nom correspondant.

un quartier
un immeuble
une maison
un jardin
un balcon
un appartement
une terrasse

A .... **B** .... **C** ....

   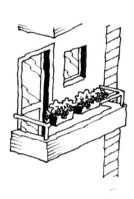

D .... **E** .... **F** .... **G** ....

2. ▶ **Écoutez, et mettez V si les affirmations sont vraies ou F si elles sont fausses. Corrigez les fausses.**

1. Philippe habite rue Victor Hugo. ☐ ....
2. Philippe va habiter dans le quartier. ☐ ....
3. La maison de Philippe est à côté de la poste. ☐ ....
4. Le jardin est derrière la maison. ☐ ....
5. Philippe dîne dans le jardin. ☐ ....
6. Le téléphone de Philippe est 04 47 29 30 68. ☐ ....

3. Dites où vous habitez ; décrivez votre maison ou votre appartement.

....
....

⑬ VOYAGER

1. Écrivez ces sigles en entier.

1. TGV ....

2. SNCF ....

3. AR ....

4. SVP ....

5. VTT ....

6. BD ....

2. ▶ Écoutez les deux dialogues et trouvez les différences entre Michel et Daniel. Mettez M ou D à côté de chaque situation.

A. achète deux billets	☐	réserve une place	☐
B. pour une personne	☐	pour deux personnes	☐
C. aller simple	☐	aller retour	☐
D. première classe	☐	deuxième classe	☐
E. part aujourd'hui	☐	part demain	☐
F. à 18h30	☐	à 14h30	☐
G. 32,50 euros	☐	87 euros	☐

3. Regardez les deux billets et dites lequel est à Daniel et lequel est à Michel.

SNCF Aller 1ère classe
29/ 04/ 2002   Titre de transport n° 675 234
De PARIS-Lyon   30 /04/2002
À LYON
Train TGV n° 256   Voiture 7   Place 36   non fumeurs
                                    Prix : 87 euros

1 ....

SNCF Aller Retour   2ª classe
29/ 04/ 2002   Titre de transport n° 345 231
01 adulte   01 enfant réduction 50%
De PARIS-Montp.
À NICE
                                    32,50 euros

2 ....

4. Utilisez les phrases suivantes et racontez un voyage en train.

Le train entre en gare.

Le train s'arrête quai n° 2.

Les voyageurs descendent.

Le contrôleur demande les billets.

Les voyageurs montent dans le train.

Ils sortent de la gare.

Le train repart.

Le train est annoncé avec 10 minutes de retard.

....

....

1. ▶ **Écoutez et trouvez ce que Sandra et Odile vont mettre.**

Mettez S ou O dans les cases.

2. ▶ **Écoutez et numérotez dans l'ordre les phrases suivantes.**

A. Odile demande à Sandra de l'aider à choisir. ☐

B. Sandra demande à sa mère de lui prêter ses chaussures. ☐

C. Odile et Sandra vont s'habiller pour la boum de Michel. ☐

D. Odile aide Sandra à choisir ses vêtements. ☐

E. Sandra et Odile vont être les plus élégantes. ☐

F. Sandra n'a rien à se mettre. ☐

3. **Devinettes.**

Regardez les modèles suivants avec un camarade. Choisissez un modèle et décrivez-le. Votre camarade doit deviner quel est le modèle que vous avez décrit.

15) LES COURSES

1. Associez chaque dessin au nom correspondant.

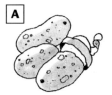 A
 B
 C
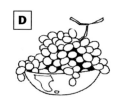 D
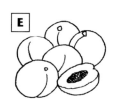 E

 F
 G
 H
 I
 J

un melon
une glace
une tarte
du jambon
du raisin
de la salade
de la confiture
des pommes
de terre
des cerises
des pêches

2. Associez les marchandises aux magasins.

À la boulangerie on achète   de la viande
À la boucherie on achète   des carottes
À l'épicerie on achète   du pain
Aux fruits et légumes on achète   du café

3. ▶ Écoutez les 3 dialogues et complétez le tableau.

Dialogue	lieu	qui parle à qui	produits à acheter
1			*des pommes de terre*
2			
3		*une femme à son mari*	

4. ▶ Combien ? Écoutez encore le dialogue n. 2 et reliez les produits aux quantités.

des pêches   un litre
du raisin   un paquet
du lait   un kilo
de la confiture   une livre
du café   un pot

5. Dites ce que vous mangez au:

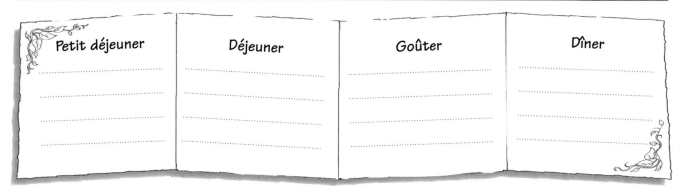

Petit déjeuner	Déjeuner	Goûter	Dîner

1.   Mettez les actions de la journée dans le bon ordre.

7h	....	on regarde la télé
7h30	....	on fait ses devoirs
8h	....	on dîne
midi	....	on sort
14h	....	on se lève
16h	....	on prend son petit déjeuner
17h	....	on va se coucher
20h	....	on fait la sieste
21h	....	on déjeune
22h	....	on rentre de l'école

2.   ▶ Écoutez la journée de Médor et vérifiez vos réponses.

3.   Complétez ce récit.

Chez moi on se lève tous de ...., mon père est .... et moi le dernier.
Maman prépare .... Je me lève et je m'habille .... : je n'ai pas
beaucoup de temps, l'école commence à .... et j'arrive presque toujours
.... En classe, je me mets devant pour ne pas .... En rentrant le soir
je .... souvent pour regarder les magasins. Quand j'arrive ...., il est très tard.

me distraire
m'arrête
à la maison
8 heures et demie
bonne heure
en retard
le premier
le petit déjeuner
très vite

4.   Racontez votre journée.

....

....

⑰ J'AI MAL PARTOUT

1. ▶ **Écoutez le dialogue et entourez la situation à laquelle il correspond.**

    A. Éric est malade. Il a la grippe. Il a de la fièvre depuis trois jours, mais le soir il a moins de fièvre que le matin. Sa mère appelle le docteur.

    B. Éric est malade. Il n'a pas de fièvre mais il tousse beaucoup, surtout la nuit et il a mal à la gorge. Sa mère appelle le docteur.

    C. Éric est malade. Il a mal partout et il tousse. Il a aussi de la fièvre, le soir plus que le matin. Sa mère appelle le docteur.

2. ▶ **Écoutez et répondez aux questions.**

    1. Depuis quand Éric est malade ? ....

    2. Quelle est sa température ? ....

    3. Qu'est-ce que le docteur lui prescrit ? ....

    4. Pourquoi est-ce qu'il veut guérir vite ? ....

3. **Si quelqu'un est malade il faut.... Mettez les actions dans le bon ordre.**

    A. Acheter des médicaments. ☐

    B. Appeler le médecin. ☐

    C. Faire une ordonnance. ☐

    D. Aller à la pharmacie. ☐

4. **Dites ce qu'on peut acheter à la pharmacie.**

....
....
....
....
....

1. ▶ **Écoutez le premier document et entourez le numéro de la pancarte à laquelle il correspond.**

1

Piscine municipale
Horaires

du lundi au vendredi
10H / 13H et 17H / 20H
samedi 10H30 / 20H30
dimanche 9H / 14H

2

Piscine municipale
Horaires
Lundi et vendredi
10H / 13H et 17H / 20H
Mardi et jeudi 11H / 15H et 19H / 22H
samedi 10H30 / 20H30
dimanche 9H / 14H
mercredi fermeture

3

Piscine municipale
Horaires

Lundi et vendredi
10H30 / 17H20
Mardi et jeudi 11H / 15H et 19H / 22H
samedi 10H30 / 20H30
fermeture : mercredi et dimanche

2. ▶ **Écoutez le document n 2 et faites correspondre les phrases à l'heure donnée.**

 ☐ **A**

 ☐ **B**

 ☐ **C**

 ☐ **D**

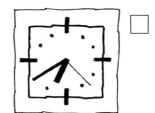 ☐ **E**

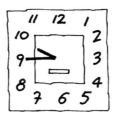 ☐ **F**

3. **Écrivez sous chaque montre ou horloge l'heure correspondante.**

1

Il est ....

2

Il est ....

3

23:20

Il est ....

4

Il est ....

5

22:40

Il est ....

6

Il est ....

1. ▶ **Écoutez et cochez les cadeaux dont on parle.**

2. ▶ **Écoutez encore et associez aux personnes le cadeau choisi.**

Céline ....

Olivier ....

Papy ....

Mamie ....

3. **Associez à chaque objet un mot ou une expression pour le qualifier.**

des lunettes ....

un sac ....

une cravate ....

un bijou ....

une montre ....

4. **Transformez d'après le modèle.**

Ce cadeau est pour Jacques – Ce cadeau est pour *lui*.

1. Cette jupe est pour Cécile. ....

2. Ce journal est pour mon père. ....

3. Ce tableau est pour mes grands-parents. ....

4. Ces CD sont pour mes copines. ....

1. ▶ Écoutez et entourez la bonne réponse.

1
A au Prado
B au Louvre
C à l'Hermitage

2
A la Mayonnaise
B la Lyonnaise
C la Marseillaise

3
A l'hexagone
B le triangle
C le carré

4
A l'Eurotunnel
B l'Eurostar
C l'Euro

5
A romaine
B gothique
C baroque

6
A Les Misérables
B Sans famille
C Les Trois Mousquetaires

7
A rose
B jaune
C rouge

8
A mon oncle
B mon beau-père
C mon grand-père

9
A la Loire
B la Garonne
C la Seine

10
A en Sardaigne
B en Corse
C en Piémont

2. ▶ Écoutez maintenant les réponses et vérifiez.

3. Préparez cinq questions pour un camarade.

1 ....

2 ....

3 ....

4 ....

5 ....

1. ▶ Écoutez et complétez le tableau.

Appel	qui appelle	raison de l'appel
1	....	....
2	....	....
3	....	....
4	....	....

2. ▶ Écoutez encore les messages et trouvez une expression pour

a. dire qu'on tient beaucoup à voir des personnes ....

b. dire qu'il n'y a pas beaucoup de temps ....

c. dire qu'on regrette ....

d. exprimer une éventualité ....

3. Mettez les phrases suivantes à la forme négative.

1. Venez avant huit heures. ....

2. Pars tout de suite. ....

3. Attends-moi devant la bibliothèque. ....

4. Laissez-lui un message. ....

5. Invitez-les pour le week-end. ....

6. Appelle-la ce soir. ....

4. Laissez un message sur le répondeur de 4 personnes différentes pour dire que :

1. ....

2. ....

3. ....

4. ....

vous partez en voyage

vous ne rentrez pas ce soir

vous invitez quelqu'un pour une fête

vous ne pouvez pas sortir ce week-end

1. Associez chaque symbole à sa définition.

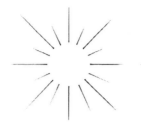   

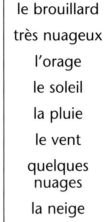

le brouillard

très nuageux

l'orage

le soleil

la pluie

le vent

quelques nuages

la neige

2. Complétez avec les saisons et les dates.

a.	va du	au 20 septembre
b. l'automne	va du	au ....
c.	va du 21 décembre	au ....
d.	va du	au ....

3. Qu'est-ce qu'il faut ? Complétez les phrases.

1. Quand il fait du soleil il faut ....
2. Quand il pleut il faut ....
3. Quand il fait froid il faut ....
4. Quand il neige il faut ....

4. ▶ Écoutez et répondez aux questions.

1. À quelle heure Maman réveille Marc ? ....
2. On est en quelle saison ? ....
3. Quel temps va-t-il faire dans l'après-midi ? ....
4. Et demain ? ....

1.   Mettez sous chaque animal son nom.

 A

 B

 C

 D

| le chameau |
| le crocodile |
| l'éléphant |
| le lion |
| l'ours |
| le singe |
| le serpent |
| le zèbre |

....

 E

 F

 G

 H

....

2.   Au retour du zoo, trois élèves racontent la visite dans leur journal.
Écoutez et dites quel est le récit le plus fidèle.

a. Visite au zoo.
Aujourd'hui notre classe a visité le zoo. Nous avons vu beaucoup d'animaux dans leurs cages. D'abord les lions, les rois de la forêt, puissants et carnivores, puis, les zèbres au poil noir et blanc qui vivent dans la savane, les dromadaires qui ressemblent aux chameaux, et enfin les serpents. Quelle peur !

b. Visite au zoo.
Aujourd'hui, nous sommes allés au zoo. Nous avons vu d'abord les lions. Ce sont des animaux sauvages qui vivent dans la savane. Puis nous avons vu les zèbres, les éléphants indiens et africains, les dromadaires qui ont une seule bosse et pour terminer les serpents. Heureusement qu'ils sont derrière des vitres !

c. Visite au zoo.
Aujourd'hui nous avons visité le zoo de notre ville. Le guide nous a montré d'abord un lion. C'est un gros chat mais il est féroce et il chasse les autres animaux. Par contre le zèbre est un herbivore, c'est-à-dire qu'il mange de l'herbe. Ensuite nous avons vu un énorme éléphant qui prenait une douche avec sa trompe. Avant de sortir nous sommes passés devant les serpents. Je n'ai pas eu le courage de les regarder.

3.   Pour chaque animal illustré plus haut, faites une phrase qui décrit ses caractéristiques.

1. ....

2. ....

3. ....

4. ....

5. ....

6. ....

7. ....

8. ....

1. **Écrivez sous chaque endroit, la phrase correspondante.**

Je vais souvent à l'étranger
J'adore le lac
J'aime beaucoup la campagne
Je préfère rester chez moi
J'aime les vacances à la mer
Je préfère la montagne

A

B

C

D

E

F

2. **Écoutez les dialogues et complétez le tableau.**

dialogue n.	qui parle à qui	lieu de vacances	période
1	.... et son prof	....	....
2	....	la Grèce	....
3	....	....	....
4	un mari et	....	....

3. **Racontez vos prochaines vacances.**

....

....

1. **Reliez correctement les expressions suivantes.**

1. Je t'appelle au sujet	m'inscrire à un cours.
2. Demain à trois heures,	moi.
3. Je vais à Lyon pour	de notre projet commun.
4. Je préférerais dans	qu'au lycée.
5. Ce serait plus agréable	ça te conviendrait ?
6. Je t'attends chez	l'après-midi.

2. ▶ **Écoutez le dialogue et vérifiez vos phrases.**

3. ▶ **Écoutez encore et mettez V si les phrases sont vraies ou F si elles sont fausses. Corrigez les fausses.**

1. Béatrice appelle Jean-Claude. ☐ ....

2. C'est pour un renseignement. ☐ ....

3. Béatrice accepte. ☐ ....

4. Jean-Claude habite Lyon. ☐ ....

5. Le rendez-vous est fixé à 13 heures. ☐ ....

6. Le rendez-vous est fixé pour mardi. ☐ ....

7. Ils vont discuter au déjeuner. ☐ ....

4. **Transformez les phrases suivantes d'après le modèle.**

Je *veux* sortir avec mes copains.   Je *voudrais* sortir avec mes copains.

1. On *peut* se voir demain ? ....

2. Quand est-ce que vous *pouvez* passer ? ....

3. Je *préfère* partir tout de suite. ....

4. Nous *voulons* rester avec vous. ....

5. Tu *peux* te taire, s'il te plaît ! ....

6. Mes copains *aiment* aller au restaurant. ....

5. **Appelez un copain pour fixer un rendez-vous. Jouez le dialogue.**

1. **Souvenirs de vacances.**

Dites-ce qu'on rapporte de :

la mer ....

la montagne ....

New York ....

Venise ....

Paris ....

une gondole   des coquillages   la Tour Eiffel   des petits sabots   la statue de la liberté

2. ▶ **Écoutez le dialogue et complétez les phrases suivantes.**

| des souvenirs |
| Pâques |
| le photographe |
| des coquillages |
| une île |
| Internet |

Je vais chercher mes photos de vacances chez ....

La Guadeloupe est .... des Antilles.

J'y suis allé à ....

Je corresponds avec Nadine par ....

J'ai rapporté .... de la Guadeloupe.

Sur la plage j'ai trouvé ....

3. ▶ **Écoutez et écrivez V si les affirmations suivantes sont vraies ou F si elles sont fausses. Corrigez les fausses.**

1. La Guadeloupe se trouve en Amérique. ☐ ....

2. Romain y est allé en été. ☐ ....

3 Il y est allé avec des amis. ☐ ....

4 Il téléphone souvent à Nadine. ☐ ....

5 Il n'a rapporté que quelques coquillages. ☐ ....

4. **Posez des questions à un camarade sur ses vacances. Votre camarade répond.**

1 Où ....

2 Quand ....

3 Avec qui ....

4 Qui ....

5 Qu'est-ce que ....

1. **Qu'est-ce que vous avez dans votre sac ? Choisissez des objets dans la liste suivante.**

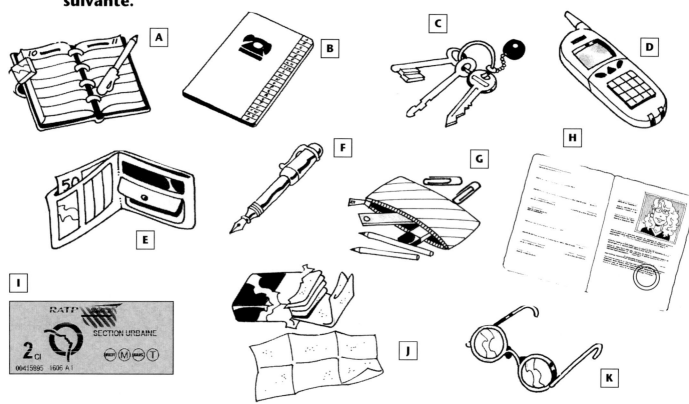

2. **Écoutez le dialogue et indiquez ce que Nathalie avait dans son sac.**

1 ....
2 ....
3 ....
4 ....
5 ....
6 ....
7 ....
8 ....

3. **Écoutez encore et répondez aux questions.**

1. Où va Nadine ? ....
2. Pourquoi ? ....
3. Qu'est-ce qu'il faut faire ? ....
4. Où est-ce que ça s'est passé ? ....
5. Elle était seule ? ....

4. **Est-ce que vous avez déjà subi un vol ? Racontez.**

....

1. **Trouvez la phrase qui correspond à chaque dessin.**

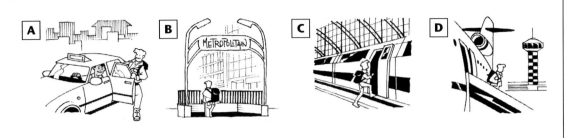

il prend le métro	
il descend de l'avion	
il a pris un taxi	
il monte dans le train	

A B C D

....

2. **Marc habite Clermont-Ferrand et il va à Londres.**
Écoutez et marquez sur la carte le voyage qu'il fait.

3. **Écoutez et répondez aux questions.**

1. Quels moyens de transport a pris Marc ? ....
2. Pourquoi est-ce qu'il ne prend pas l'avion ? ....
3. Combien de temps est-ce qu'il a attendu l'autobus ? ....
4. Qu'est-ce qu'il a fait à Paris ? ....
5. De quelle nationalité étaient les autres voyageurs ? ....
6. Qui l'attendait à Londres ? ....
7. Est-ce qu'il parle anglais ? ....

4. **Racontez votre dernier voyage.**

(ville de départ, ville de destination, moyens de transport utilisés, temps des parcours, contacts avec les autres voyageurs....)

....

....

1. **Quelle est leur profession ? Écrivez-la sous chaque dessin.**

il est mécanicien
il est informaticien
il est chauffeur
il est architecte
elle est danseuse
elle est vendeuse
elle est coiffeuse
elle est médecin

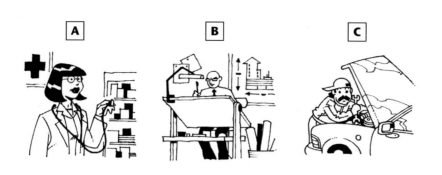

A   B   C

....

E   F   G   H   D

....

2. **Écoutez l'interview et complétez le tableau.**

Nom	veut être
Vincent	....
Véronique	....
Laura	....
François	....

3. **Écoutez encore et cochez les raisons de leur choix.**

Vincent   a. veut aider les malades

             b. veut donner de l'argent aux pauvres

Véronique   a. veut jouer avec ses frères

             b. veut s'amuser avec ses élèves

Laura   a. aime la musique

             b. a peur des difficultés

François   a. aime rêver

             b. s'intéresse aux événements

4. **Demandez à un camarade ce qu'il veut faire plus tard.**

Répondez à la même question.

1. ▶ Écoutez et entourez la bonne réponse.

1
- **A** la Chandeleur
- **B** la fête des Rois
- **C** Noël

2
- **A** le Roi soleil
- **B** le Roi sage
- **C** le Roi mage

3
- **A** la parisienne
- **B** la bague
- **C** la baguette

4
- **A** l'océan Atlantique
- **B** l'océan Pacifique
- **C** l'océan Indien

5
- **A** l'examen qu'on passe à la fin du lycée
- **B** l'examen qu'on passe à la fin de l'université
- **C** l'examen qu'on passe à la fin du collège

6
- **A** la bouillabaisse
- **B** le camembert
- **C** le parmesan

7
- **A** le début de la Révolution française
- **B** la fin de la Révolution française
- **C** la guerre de Cent ans

8
- **A** Nice
- **B** Bordeaux
- **C** Marseille

9
- a. le 14 juin
- **B** le 4 juillet
- **C** le 14 juillet

10
- **A** le football
- **B** le rugby
- **C** le basketball

2. ▶ Écoutez maintenant les réponses et vérifiez.

3. Préparez cinq questions pour un camarade.

1. ....

2. ....

3. ....

4. ....

5. ....

1 SALUTATIONS

Dialogue A.

Alain : Salut Jacques.

Jacques : Salut Alain. C'est Malika !

Alain : Salut Malika.

Malika : Bonjour Alain.

Jacques : Au revoir et bonne soirée.

Dialogue B.

Jules : Au revoir, Sylvie !

Sylvie : Au revoir Jules et bon voyage !

Jules : Merci, bon après-midi !

Dialogue C.

Maman : Bonne nuit, ma chérie !

la fille : Bonne nuit, maman.

Maman : Fais de beaux rêves !

Dialogue D.

Un homme : Bonjour monsieur.

Rémi : Bonjour, je suis Rémi Rolland, le nouvel employé.

l'homme : Bienvenu ! Entrez, donc ! Je vous présente notre collègue Anne-Marie Thierry.

Rémi : Enchanté mademoiselle.

2 IDENTITÉ

Document n° 1

La secrétaire : Bonjour mademoiselle, vous désirez ?

Chantal : C'est pour l'inscription au Club…

la secrétaire : Ah oui, il faut remplir une fiche. Votre nom ?

Chantal : Moriot.

La secrétaire : Moriaud AUD ?

Chantal : Non, OT.

La secrétaire : Pardon, vous pouvez épeler ?

Chantal : MORIOT

La secrétaire : Prénom ?

Chantal : Chantal.

La secrétaire : Lieu et date de naissance ?

Chantal : Orléans, le 15 août 1982.

La secrétaire : Votre adresse ?

Chantal : 55, rue de Longchamp à Tours.

La secrétaire : C'est tout, merci. Je vais préparer votre carte tout de suite. Attendez là-bas, s'il vous plaît.

Document n° 2

1. JULIETTE
2. PATRICK
3. SABRINA
4. YASMINA
5. KARIM
6. CHARLES
7. JULIEN
8. CAMILLE
9. CHRISTIAN
10. VIRGINIE

3 PORTRAITS

Présentateur : Bienvenue à tous. Voilà nos 4 candidats : deux filles et deux garçons. On va commencer par cette jolie blonde. À vous, mademoiselle !

Marina : Je m'appelle Marina. J'ai dix-sept ans, je viens d'Aix en Provence. J'aime le cinéma et les discothèques. Je fréquente un cours d'informatique.

Présentateur : On passe au deuxième, un grand brun aux yeux bleus. Allez-y !

Christian : Je m'appelle Christian, j'ai quinze ans, j'habite à Nevers, je suis en troisième au lycée Stendhal. J'ai beaucoup d'amis, je fais de la natation et du tennis. J'aime les langues étrangères : l'anglais et l'allemand.

Présentateur : Et maintenant c'est le tour d'un beau garçon blond et frisé.

Robert : Je suis Robert, je viens de Grenoble. J'ai quatorze ans, je suis en quatrième. J'adore la neige et les sports d'hiver. Je fais du ski et en été de l'alpinisme. J'aime bien la montagne. La matière que je préfère, c'est l'Histoire/Géo.

Présentateur : Et pour terminer une petite rousse aux yeux verts. Ils sont vraiment beaux vos yeux !

Alice : Je suis Alice, j'ai seize ans. J'habite à Montpellier. Je suis en seconde, mais je n'aime pas trop les études. J'aime la danse et la lecture. Je suis un cours de danse et je lis beaucoup le soir avant de m'endormir.

4 │ LOISIRS

Sylvie : Qu'est-ce qu'on fait ce soir ? Jean tu as une idée ?

Jean : Je regarde la télé ; il y a un match de football. Je dois absolument le voir. Toi aussi Olivier ?

Olivier : Non, je n'aime pas le sport. Je préfère lire un bon livre. J'ai commencé un roman très intéressant et je veux le terminer.

Sylvie : Et toi Hélène ?

Hélène : Je vais à la discothèque avec des copains. J'adore ça. Tu viens Éliane ?

Éliane : Moi, je déteste. Je veux voir un film avec Gérard Depardieu et Sophie Marceau.
J'aime beaucoup le cinéma.

Sylvie : Et toi Jacques ?

Jacques : Pour moi, pas de cinéma, j'aime bien jouer aux cartes. Qui joue avec moi ? Toi Éric ?

Éric : Non je n'aime pas les cartes, j'aime bien la musique. Il y a un concert à la radio ce soir.

Sylvie : Mais enfin ! Vous allez vous mettre d'accord ?

Éliane : Impossible, on n'a pas les mêmes goûts.

5 │ UN PEU DE MATHS

Exercice 1

1. Deux plus cinq.
2. Douze moins quatre.
3. Dix-huit divisé par trois.
4. Trois fois cinq.
5. Quatorze plus six.
6. Dix-neuf moins quinze.

Exercice 2

1. Huit et huit.
2. Trois et douze.
3. Quatre et quinze.
4. Sept et vingt-et-un.
5. Neuf et quatre.
6. Onze et sept.
7. Cinq et six.
8. Dix et onze.

Exercice 3

1. Deux cent trente-six.
2. Quatre-vingt-quatorze.
3. Mille trois cents
4. Soixante-treize.
5. Cent quatre-vingt-dix-neuf.
6. Cinquante-huit.

6 │ L'ANNIVERSAIRE

Hélène : Samedi je fête mon anniversaire. Vous êtes tous invités.

Pierre : Ah, c'est une bonne idée ! Tu nous invites chez toi ?

Hélène : Oui, chez moi, le soir à neuf heures. Mes parents vont au théâtre et on peut faire ce qu'on veut. Tu viens Josiane ?

Josiane : Oui, je viens volontiers. J'apporte le gâteau. Vous aimez les gâteaux au chocolat ?

Pierre : Chic alors ! Moi, j'apporte à boire : de l'Orangina et du coca. Et toi Sandra, tu t'occupes de la musique ?

Sandra : Oui, j'apporte tous mes CD et mes cassettes. À samedi soir.

Hélène : Et toi Olivier ? Tu ne viens pas ?

Olivier : Je regrette mais samedi je ne peux pas. Je vais chez mes grands-parents à la Rochelle pour le week-end. Je te souhaite un bon anniversaire ! Et bonne soirée à tous !

7 │ CONSOMMATIONS

Dialogue A.

Le serveur : Qu'est-ce que vous prenez ?

Pierre : Pour moi une glace, et toi Julie, qu'est-ce que tu prends ?

Julie : Pour moi, un café crème et un croissant.

Le serveur : Je n'ai plus de croissants.

Julie : Alors un sandwich.

Le serveur : Bon, une glace, un café crème et un sandwich.

Dialogue B.

Un jeune homme : Qu'est-ce que je peux vous offrir Martine ? Un thé, un café, une boisson ?

Martine : Un thé, s'il vous plaît.

| **Un jeune homme** | : | Avec du lait ou du citron ? |
| **Martine** | : | Ni lait, ni citron, nature. Merci. |

Dialogue C.

Olivier	:	Maman, j'ai soif !
Maman	:	Dans le frigo, il y a de l'eau et du jus de fruits.
Olivier	:	Qu'est-ce qu'il y a comme jus de fruits ?
Maman	:	Orange, pamplemousse, fraise.
Olivier	:	Je veux un jus d'orange.
Maman	:	Écoute Olivier, lève-toi, ouvre le frigo et sers-toi !

8 S'ORIENTER

Sylvie	:	Allô, Béatrice, c'est Sylvie.
Béatrice	:	Salut Sylvie. Ça va ?
Sylvie	:	Oui, merci. Écoute, tu viens avec moi à la bibliothèque, cet après-midi ? Je dois préparer un exposé sur la Révolution française pour demain.
Béatrice	:	À quelle heure ?
Sylvie	:	À trois heures.
Béatrice	:	D'accord. Où est-ce qu'on se retrouve ?
Sylvie	:	Devant la bibliothèque.
Béatrice	:	Je ne sais pas y aller. Comment je fais ?
Sylvie	:	C'est facile. Quand tu sors de chez toi, tu prends la rue Colbert et tu vas tout droit jusqu'au feu. Là tu tournes à gauche dans la rue Raspail, puis tu prends la deuxième à droite et tu continues tout droit. Le dernier immeuble à gauche , c'est la bibliothèque.
Béatrice	:	Bon, je répète. Je prends la rue Colbert jusqu'au feu, je tourne à gauche, je prends la deuxième à droite et au bout de la rue il y a la bibliothèque.
Sylvie	:	Très bien. À tout à l'heure et n'oublie pas le chemin à prendre !

9 AUX GRANDS MAGASINS

Sandra	:	Regarde maman, si elle est jolie !
Maman	:	Quoi ?
Sandra	:	La jupe rose, dans la vitrine.
Maman	:	Oui, c'est vrai, elle est jolie, mais elle coûte cher. 32 euros !
Sandra	:	Pas tellement, elle est en soie, tu sais.
Maman	:	Bon, si tu veux, on va entrer voir.
Sandra	:	Oui, d'accord.
La vendeuse	:	Mesdames… vous désirez ?
Sandra	:	Je voudrais voir la jupe rose dans la vitrine ; je peux l'essayer ?
La vendeuse	:	Oui, bien sûr ! Votre taille s'il vous plaît ?
Sandra	:	38.
Maman	:	Vous en avez de moins chères, toujours en rose ?
La vendeuse	:	Oui, celle-ci est à 27 euros, elle est en coton. Elle est jolie aussi et elle va très bien avec votre t-shirt bleu.
Sandra	:	Je vais essayer les deux.
La vendeuse	:	Voilà, la cabine d'essayage est au fond……
Sandra	:	Je prends celle en coton, elle me va très bien. Regarde maman.
Maman	:	Oui, elle est vraiment jolie et surtout moins chère !
La vendeuse	:	Vous voulez voir autre chose ?
Sandra	:	Non c'est tout, merci.

10 QUIZ CULTUREL N°1

1. Dans quelle ville se trouve la Tour Eiffel ?
2. Combien de lettres y a-t-il dans l'alphabet français ?
3. Quelles sont les couleurs du drapeau français ?
4. Quelles montagnes séparent la France de l'Espagne ?
5. Dans quelle ville se trouve le Parlement européen ?
6. Quel est le nom du train français le plus rapide ?
7. Qu'est-ce que c'est que Chanel n° 5 ?
8. Où est située la Normandie ?
9. Quel est le vin mousseux typique de la France ?
10. Comment s'appellent les pays où on parle français ?

Solutions :

1. À Paris.
2. 26
3. Bleu, blanc, rouge.

4. Les Pyrénées.
5. À Strasbourg.
6. Le TGV.
7. Un parfum.
8. Au Nord de la France.
9. Le champagne.
10. Francophones

11 AU TÉLÉPHONE

Appel n°1

Pierre : Allô… C'est Pierre, bonjour. Philippe est là ?
La standardiste : Non, il n'est pas là aujourd'hui.
Pierre : Ah bon… je peux laisser un message ?
La standardiste : Oui, allez-y.
Pierre : Dites-lui que je l'attends chez moi demain matin à 10 heures.
La standardiste : Entendu.

Appel n°2

Pierre : Allô… je voudrais parler à Corinne, s'il vous plaît ?
La standardiste : C'est de la part de qui ?
Pierre : Pierre Martin.
La standardiste : Ne quittez pas, je vous la passe.

Appel n°3

Pierre : Allô… est-ce que je pourrais parler à Jean Dumas ?
La standardiste : Qui est à l'appareil ?
Pierre : Son ami Pierre.
La standardiste : Il est occupé, vous patientez ?
Pierre : Heu…, non je vous rappelle dans quelques minutes.
La standardiste : Comme vous voulez.

Appel n° 4

Pierre : Allô, Pierre Dumont à l'appareil. Vous pouvez me passer Monsieur Fleurus, s'il vous plaît ?
La standardiste : Il n'est pas dans son bureau. Je vous fais rappeler ?
Pierre : Oui, merci. Dites-lui de me rappeler, dès que possible.

12 UNE RENCONTRE

Philippe : Jean, quelle surprise ! Qu'est-ce que tu fais là ?
Jean : Je n'habite pas très loin, rue Victor Hugo. Et toi, Philippe ?
Philippe : Moi aussi, j'habite le quartier.
Jean : Depuis combien de temps ?
Philippe : Quatre mois. J'ai déménagé au mois d'octobre.
Jean : On pourrait se voir. Donne-moi donc ton adresse.
Philippe : J'habite rue La Fontaine au numéro 15 ; c'est entre le cinéma et la poste. Ce n'est pas très loin, cinq minutes à pied.
Jean : Ah, je vois, c'est un joli pavillon, avec un jardin devant.
Philippe : Oui, j'aime beaucoup la vie en plein air. J'ai un jardin et une terrasse. Le soir je dîne dans le jardin. Veux-tu venir demain soir ?
Jean : Ça me tente, pourquoi pas. Donne-moi ton numéro de téléphone, je t'appelle demain matin pour te confirmer que je viens.
Philippe : C'est le 04 45 29 30 78
Jean : 04 45 29 30 78. Alors à demain soir, peut-être.
Philippe : À demain soir.

13 VOYAGER

Dialogue n°1 - Daniel est à la gare

Daniel : Je voudrais deux billets pour Nice, s'il vous plaît.
L'employé : Deux adultes ?
Daniel : Non, un adulte et un enfant de cinq ans.
L'employé : Aller simple ou aller retour ?
Daniel : Aller retour.
L'employé : Première classe ?
Daniel : Non, deuxième classe.
L'employé : Vous partez quand ?
Daniel : Aujourd'hui.
L'employé : Voici monsieur, un aller retour plein tarif pour un adulte et un aller retour à tarif réduit pour un enfant. Cela fait 32 euros 50.
Daniel : Le train est à quelle heure ?
L'employé : Le prochain part à 14h30 quai n° 2.
Daniel : Merci bien !

TRANSCRIPTIONS

Dialogue n° 2 - Michel est à la gare.

Michel :	Je voudrais réserver une place dans le TGV pour Lyon.
L'employé :	Vous partez quand ?
Michel :	Demain à six heures et demie de l'après-midi.
L'employé :	Première ou deuxième classe ?
Michel :	Première classe.
L'employé :	Fumeurs ou non fumeurs ?
Michel :	Non fumeurs.
L'employé :	Un instant…. Vous avez donc une réservation pour lundi 30 avril à 18h30 dans le TGV à destination de Lyon. Cela fait 87 euros.
Michel :	Je peux payer par carte bancaire ?
L'employé :	Oui, votre code, s'il vous plaît. Voici votre réservation et votre carte.

14 VÊTEMENTS

Odile :	Sandra, est-ce que tu viens ce soir ?
Sandra :	À la boum de Michel ?
Odile :	Oui, tous les copains sont là. On va s'amuser.
Sandra :	Je n'ai rien à me mettre. Qu'est-ce que tu mets, toi ?
Odile :	Je ne sais pas encore. Aide-moi à choisir. Je mets cette jupe longue et ce chemisier bleu ou cette mini jupe rouge ?
Sandra :	La jupe longue est plus élégante, mais la mini rouge est plus jolie.
Odile :	Oui, et elle va très bien avec mes nouvelles baskets noires et rouges. Maintenant c'est à toi.
Sandra :	Je peux demander à maman de me prêter sa robe verte, mais elle est un peu grande pour moi.
Odile :	Ton pantalon noir te va très bien, tu peux le mettre avec ton t-shirt rose.
Sandra :	Tu as raison. Et en plus, un pantalon c'est plus pratique qu'une robe et je demande à maman de me prêter ses chaussures noires.
Odile :	Tu vas voir, nous allons être les plus élégantes !

15 LES COURSES

Dialogue n° 1

Maman :	Philippe, tu vas faire les courses, s'il te plaît ? J'ai invité les voisins à dîner, ce soir.
Philippe :	Oui, qu'est-ce que je dois prendre ?
Maman :	Du jambon, des pommes de terre, un melon, de la salade et pour la tarte, des cerises.
Philippe :	Je n'aime pas la tarte, je préfère la glace.
Maman :	D'accord ! Achète aussi de la glace. Tu as fait la liste ?
Philippe :	Attends. Je répète : du jambon, des pommes de terre, un melon, de la salade, des cerises et de la glace. C'est tout ?
Maman :	Oui, c'est tout. Vas-y tout de suite !

Dialogue n° 2

La vendeuse :	Bonjour Madame, je vous sers ?
La dame :	Oui, je voudrais un kilo de pêches, et un peu de raisin.
La vendeuse :	Comme ça ? Une livre ?
La dame :	Oui, je voudrais aussi un litre de lait, un pot de confiture et un paquet de café.
La vendeuse :	De la confiture de fraises ?
La dame :	Non, d'abricots.

Dialogue n° 3

La femme :	Allô, chéri, c'est toi ?
Le mari :	Oui, qu'est-ce que tu veux ?
La femme :	Il n'y a plus de pain à la maison. Avant de rentrer, tu peux passer à la boulangerie du coin acheter deux baguettes, s'il te plaît ?
Le mari :	Bien sûr ! Rien d'autre ?
La femme :	Si, deux croissants et deux pains au chocolat pour le goûter des enfants.
Le mari :	D'accord, à tout à l'heure.

16 LA JOURNÉE DE MÉDOR

Je me lève à 7 heures quand toute la famille se réveille.

À 7 heures et demie je prends mon petit déjeuner dans la cuisine : un peu de lait tiède pour bien commencer la journée.

À 8 heures tout le monde sort et je vais dans le jardin pour me dédier à mon sport préféré : la course.

À midi un bon repas abondant me fait retrouver mes forces.

Après le déjeuner je fais une sieste sous le grand arbre du jardin et si le chat des voisins vient pour jouer, je le chasse d'un grand coup de queue.

À 4 heures de l'après-midi, les enfants rentrent de l'école et on joue un bon moment. Mais quand ils font leurs devoirs, je reste tranquille sur le tapis du salon.

À 7 heures, avant le dîner, je sors encore un peu dans le jardin, s'il ne pleut pas.

À 9 heures du soir, toute la famille s'installe sur le canapé pour regarder la télé. Ma place préférée est sur les pieds de ma maîtresse.

À dix heures les enfants vont se coucher, et moi aussi. La journée a été longue. Je suis fatigué !

17 J'AI MAL PARTOUT

Le médecin : Alors, jeune homme, ça ne va pas aujourd'hui ?

Olivier : Non, docteur. Je suis malade.

Le médecin : Depuis combien de temps, tu es malade ?

Olivier : Depuis hier.

Le médecin : Où est-ce que tu as mal ? À la tête ?

Olivier : Oui, mais aussi au ventre, aux jambes, au dos. J'ai mal partout.

Le médecin : Madame, est-ce qu'il a de la fièvre ?

La mère : Oui, 38.

Le médecin : Ce matin ou hier soir ?

La mère : Ce matin. Hier soir il avait 39.

Le médecin : La température monte le soir, c'est normal. Tu tousses ?

Olivier : Un peu.

Le médecin : Montre ta langue, voyons ah .... Ce n'est pas grave. C'est une grippe. Prends de l'aspirine, des vitamines et garde le lit pendant quelques jours. Surtout ne prends pas froid ! La semaine prochaine tu seras en pleine forme !

Olivier : Je l'espère. Il y a des championnats d'athlétisme à l'école, je ne peux pas les manquer.

18 HORAIRES

Document n° 1

Ici la piscine municipale. La piscine est ouverte le lundi et le vendredi de 10 heures à 13 heures et de 17 heures à 20 heures ; le mardi et le jeudi de 11 heures à 15 heures et de 19 heures à 22 heures ; le samedi de 10 heures 30 à 20 heures 30 et le dimanche de 9 heures à 14 heures. Le mercredi la piscine est fermée.

Document n°2

1. 8 heures et quart, il faut partir.
2. Le train de 18h15 en provenance de Marseille entre en gare quai n°2.
3. Et maintenant la météo, les programmes reprennent à 16h40.
4. Demain je pars à 6 heures et demie.
5. Il est 7 heures moins vingt, dépêche-toi !
6. Mesdames et messieurs, une pause café jusqu'à 10h35.

19 CADEAUX

La femme : Chéri, c'est bientôt Noël. Il faut penser aux cadeaux. On fait la liste ?

Le mari : Pour les enfants, je te laisse choisir. Tu les connais mieux que moi.

La femme : Céline veut des lunettes de soleil. Il y en a de très jolies et un peu bizarres aux grands magasins.

Le mari : Et pour Olivier, un sac à dos ?

La femme : Heu.. non. Pour lui, des rollers. J'en ai vus de très sympas, jaunes et rouges. Et pour les grands-parents ?

Le mari : Pour eux, j'ai quelques idées. Pour papy, une cravate. Qu'est-ce que tu en penses ?

La femme : Bonne idée, une cravate en soie. Je crois que le bleu est sa couleur préférée.

Le mari : Et pour mamie, un parfum, un bijou ?

La femme : Non, ça ne va pas. Elle n'en met jamais. Plutôt un sac de voyage. Elle va souvent chez sa sœur en train, elle en a certainement besoin.

Le mari : Et pour toi ?

La femme : Eh bien, c'est à toi de choisir !

Le mari : Et pour moi ?

La femme : Ça, c'est un secret. Attends Noël !

20 QUIZ CULTUREL N°2

1. Où se trouve la Joconde de Léonard de Vinci ?
2. Comment s'appelle l'hymne national français ?
3. Quelle forme géométrique a la France ?
4. Quel est le nom du train qui passe sous la Manche ?
5. À quelle époque appartient le Pont du Gard ?
6. Qu'est-ce que Victor Hugo a écrit ?
7. De quelle couleur est le maillot du Tour de France ?
8. Qui est le père de mon cousin ?
9. Quel est le fleuve qui traverse Paris ?
10. Dans quelle région est né Napoléon ?

Solutions :

1. au Louvre
2. la Marseillaise
3. un hexagone
4. l'Eurostar
5. romaine
6. les Misérables
7. jaune
8. mon oncle
9. la Seine
10. en Corse

21 MESSAGES TÉLÉPHONIQUES

Le répondeur téléphonique :
Vous êtes bien chez Martine et Jean Dumas.
Nous ne pouvons pas vous répondre en ce moment.
Laissez votre message après le signal sonore. Merci.

Message n°1

Anita : Salut Martine, c'est Anita. Je t'appelle pour confirmer notre rendez-vous demain à huit heures devant le cinéma. Si tu as des problèmes, rappelle-moi sur mon portable.

Message n°2

Jean : Chérie, c'est moi, je suis désolé, je ne rentre pas avant dix heures ce soir. Il y a beaucoup de travail au bureau. Ne m'attends pas pour le dîner. À ce soir.

Message n°3

Christine : Chers amis, c'est Christine. Venez donc pour le week-end chez moi à la mer ! Il fait beau, on peut déjà se baigner. Ne manquez pas surtout ! Je vous attends vendredi soir.

Message n°4

Un employé : Monsieur Dumas, bonjour. C'est l'Agence du Crédit Lyonnais. Est-ce que vous pouvez passer à nos bureaux demain ? C'est urgent. Merci.

22 DE LA PLUIE ET DU BEAU TEMPS

Maman : Marc, lève-toi ! Il est huit heures.

Marc : Oui, maman. Quel temps fait-il ?

Maman : Il fait beau maintenant, il y a du soleil et il fait déjà assez chaud, mais la météo a annoncé des orages dans l'après-midi. Il faut prendre ton parapluie.

Marc : J'ai horreur de ça. Je mets mon K-way dans mon sac, ça va suffire.

Maman : Au printemps, c'est toujours comme ça : par moments il fait beau, par moments il pleut.

Marc : Quand est-ce que l'été arrive ? J'ai envie d'aller à la mer, de bronzer au soleil.

Maman : Encore deux mois.... Si tu rentres tard, prends aussi ton pull, le soir il fait frais, la température baisse.

Marc : Et demain, quel temps va-t-il faire ?

Maman : Comme aujourd'hui : de la pluie et du beau temps !

23 VISITE AU ZOO

Le guide : Toute la classe doit rester ensemble.Les animaux peuvent être dangereux et vous risquez de vous perdre. Vous allez me suivre. On va voir d'abord les lions.
Le lion est le roi de la forêt. C'est un animal puissant et féroce. Le chat que vous avez à la maison appartient à la même famille, mais il n'est pas féroce. Le lion aime le climat chaud de la savane. C'est un carnivore, c'est-à-dire qu'il mange de la viande. Son activité préférée est la chasse.
Ce joli cheval au pyjama noir

et blanc c'est un zèbre. Il vit en Afrique dans la savane, lui aussi. Mais il est herbivore.
Et voici le plus gros des mammifères : l'éléphant avec sa longue trompe. Il existe deux types d'éléphants : l'éléphant d'Asie aux petites oreilles et l'éléphant d'Afrique aux grandes oreilles. Regardez il veut boire. Ah non! avec sa trompe .....
il prend une douche !
Vous connaissez certainement le prochain animal.... Ah, non, ce n'est pas un chameau. C'est un dromadaire parce qu'il a une seule bosse.
Nous allons maintenant voir les serpents.... N'ayez pas peur ! Ils sont derrière les vitres....

24 LES VACANCES

Dialogue n° 1

Le professeur : L'école est finie. Où est-ce que tu vas en vacances ?

L'élève : À la mer avec mes parents et ma sœur.

Le professeur : Quand est-ce que vous allez partir ?

L'élève : En juillet, le 15 juillet en voiture.

Dialogue n°2

Un garçon : Qu'est-ce que vous allez faire cet été ?

Une fille : On part pour la Grèce.

Un garçon : Vous y allez comment ?

Une fille : C'est un long voyage. On prend l'avion de Paris à Athènes.

Un garçon : Combien de temps vous y restez ?

Une fille : Un mois, tout le mois d'août.

Un garçon : Bonnes vacances !

Dialogue n°3

Le fils : Papa, il vient de neiger à Chamonix. Tu as entendu ? Mes copains vont skier. Je peux y aller avec eux ?

Le père : Mais, oui. Quand est-ce que vous partez ?

Le fils : Vendredi soir ou samedi matin, je ne sais pas encore, et on rentre dimanche soir.

Le père : D'accord, ça va, mais couvre-toi bien. Il fait très froid à la montagne !

Dialogue n°4

Roger : Regarde cette publicité : c'est le lac de Garde en Italie.

Éliane : Mais, c'est magnifique ! On y va cet été ?

Roger : Oui, c'est une bonne idée. En septembre ça doit être parfait pour nous. On peut visiter ou se reposer à la campagne. Je réserve une chambre à l'hôtel ?

Éliane : Non, on va faire du camping. On est plus libre.

25 RENDEZ-VOUS

Jean Claude : Allô, Béatrice ?

Béatrice : Oui...

Jean Claude : Bonjour Béatrice. Jean-Claude à l'appareil. Je t'appelle au sujet de notre projet commun. Est-ce qu'on pourrait se voir pour une mise au point ?

Béatrice : Oui, bien sûr. Tu peux passer chez moi ?

Jean Claude : Très volontiers. Quand est-ce que je pourrais passer ?

Béatrice : Demain à trois heures, ça te conviendrait ?

Jean Claude : Heu, pas tout à fait. Demain c'est mardi, je vais à Lyon pour m'inscrire à un cours et je rentre tard.

Béatrice : Après demain ?

Jean Claude : Oui, à onze heures ?

Béatrice : Je préférerais dans l'après-midi, à 14 heures, ou encore mieux à 13 heures, on pourrait déjeuner ensemble. Qu'en penses-tu ? Ce serait plus agréable qu'à la cantine.

Jean Claude : Bonne idée. Alors à après demain, à 1 heure.

Béatrice : Très bien, je t'attends.

Jean Claude : Entendu. Au revoir Béatrice.

26 PHOTOS

Romain : Caroline ? Je vais chez le photographe chercher mes photos de vacances. Tu m'accompagnes ?

Caroline : Oui. ......

Caroline : Fais voir.

Romain : Tiens !

Caroline : Où es-tu là ?

Romain : Je suis en Guadeloupe. Une île des Antilles en Amérique centrale.

Caroline : Quand est-ce que tu y es allé ?

Romain : À Pâques.

Caroline : Tout seul ?

Romain : Non, j'étais avec des copains.

Caroline : Qui est-ce ?

Romain : C'est Nadine, une copine de Nancy que j'ai rencontrée là-bas. Maintenant on correspond par Internet. Elle est très sympa.

Caroline : Vraiment ? Et là tu es avec qui ?

Romain : Ce sont des garçons guadeloupéens avec qui je m'amusais beaucoup.

Caroline : Est-ce que tu as rapporté des souvenirs de la Guadeloupe ?

Romain : Oui, des coquillages que j'ai trouvés sur la plage et un joli chapeau de paille !

27 AU POSTE DE POLICE

Le policier : Bonjour mademoiselle. Qu'est-ce qui vous arrive ?

Nathalie : On m'a volé mon sac.

Le policier : Vous êtes sûre ? Il faut faire une déclaration de vol. Alors, comment vous appelez-vous ?

Nathalie : Nathalie Grandet.

Le policier : Qu'est-ce que vous aviez dans votre sac ?

Nathalie : Mes papiers : ma carte d'identité et mon permis de conduire, un stylo, un paquet de mouchoirs, un miroir, un carnet d'adresses, un trousseau de clés…

Le policier : Les clés de la maison ?

Nathalie : Eh oui, malheureusement.

Le policier : C'est tout ?

Nathalie : Oui, je crois.

Le policier : Vous n'aviez pas d'argent ?

Nathalie : Oh, si, mon portefeuille !

Le policier : Combien d'argent aviez-vous ?

Nathalie : Je ne sais pas exactement. 70 euros je crois. J'allais faire des courses au marché.

Le policier : C'est au marché qu'on vous l'a volé ?

Nathalie : Oui, je pense.

Le policier : Vous soupçonnez quelqu'un ?

Nathalie : Non, absolument pas. Il y avait tellement de monde !

Le policier : Bon, allez, signez ici. Et la prochaine fois faites attention quand il y a beaucoup de monde !

28 UN VOYAGE

Pierre : Marc, raconte-nous donc ton voyage en Angleterre.

Marc : Quelle aventure ! J'avais décidé de partir en train parce que je n'aime pas l'avion; j'avoue que j'ai peur ! Puisque la gare est loin de chez moi, j'ai essayé d'appeler un taxi. Mais rien à faire, il n'y en avait pas. Alors j'ai pensé à prendre l'autobus. À l'arrêt de l'autobus il y avait beaucoup de monde. J'ai attendu dix minutes. J'ai failli rater mon train. Arrivé à Paris, j'ai dû changer de gare. Je suis arrivé à la gare de Lyon, j'ai pris le métro et je suis reparti de la gare du Nord. Dans mon compartiment les autres voyageurs étaient tous anglais. Ils rentraient chez eux après quelques jours de vacances à Paris. Quand le train est passé sous la Manche, c'était impressionnant. On est dans un tunnel au-dessous de la mer. Arrivé à Londres, j'ai tout de suite vu Tom qui m'attendait avec sa voiture. Heureusement, parce que j'étais très fatigué et aussi parce que je ne parle pas un mot d'anglais !

29 L'AVENIR

L'intervieweur : Qu'est-ce que tu veux faire Vincent quand tu seras grand ?

Vincent : Quand j'aurai fini mes études, je serai médecin dans les pays pauvres. Je partirai avec Médecins sans frontières.

L'intervieweur : Tu n'as pas peur ?

Vincent : Absolument pas, je suis courageux, et puis je veux être utile aux gens qui souffrent.

L'intervieweur : Et toi, Véronique ?

Véronique : Je veux être institutrice. J'aime les enfants et je crois que c'est une profession merveilleuse. Transmettre son savoir aux petits enfants, leur enseigner beaucoup de choses, mais aussi rire avec eux, jouer avec eux, ça doit être passionnant !

L'intervieweur : Et toi Laura ?

Laura : Moi, je serai chanteuse. J'adore la musique et on me dit que j'ai une jolie voix. J'ai déjà chanté aux fêtes de l'école et entre amis. Même si ce sera dur, je veux réussir.

L'intervieweur : Et pour terminer François que veux-tu faire ?

François : Je serai photographe. La mode, l'actualité, les événements importants, je serai là pour les documenter. Mais aussi les paysages, les couchers de soleil, les fleurs, la mer, le désert... Tout ce qui est beau, je veux le fixer à jamais.

30 QUIZ CULTUREL N° 3

1. À l'occasion de quelle fête on mange la galette ?
2. Comment est-ce qu'on appelait le Roi Louis XIV ?
3. Comment on appelle le long pain français ?
4. Quel océan baigne la France ?
5. Qu'est-ce que le Baccalauréat ?
6. Quel est le nom d'un célèbre fromage français ?
7. La prise de la Bastille marque le début de quel événement ?
8. Quel est le port français le plus important de la Méditerranée ?
9. Quel jour on célèbre la fête nationale en France ?
10. Quel est le sport le plus populaire en France ?

Solutions :

1   La fête des Rois
2. Le Roi soleil
3. La baguette
4. L'océan Atlantique
5. L'examen qu'on passe à la fin du lycée
6. Le camembert
7. La Révolution française
8. Marseille
9. Le 14 juillet
10. Le rugby

CORRIGÉS

1. SALUTATIONS
page 8

Exercice 1
A. Bonjour ;
B. Salut ;
C. Au revoir ;
D. Bonne nuit ;

Exercice 2
B; C; D; A.

Exercice 3
C; A; D; B.

Exercice 4
A; B; D; C.

Exercice 5
bonne soirée; *bon* après-midi; *bonne* nuit; *enchanté*

2. IDENTITÉ
page 9

Exercice 2
1. V
2. F   Elle s'appelle Mariot.
3. F   Chantal est son prénom.
4. V
5. F   Elle est née en 1982.
6. F   Elle est née à Orléans.
7. V
8. V

Exercice 3
1. Juliette
2. Patrick
3. Sabrina
4. Yasmina
5. Karim
6. Charles
7. Julien
8. Camille
9. Christian
10. Virginie

3. PORTRAITS
page 10

Exercice 1
1. le ski
2. le tennis
3. la natation
4. l'alpinisme
5. la danse

Exercice 2

prénom	âge	ville d'origine	école	passe-temps
Marina	17	Aix en Provence	cours d'informatique	le cinéma, la discothèque
Christian	15	Nevers	lycée	la natation, le tennis
Robert	14	Grenoble	collège	le ski, l'alpinisme
Alice	16	Montpellier	lycée	la danse, la lecture

Exercice 3
1. F ; 2. V ; 3. on ne sait pas ; 4 on ne sait pas ; 5. F ; 6. F ; 7. V ;
8. V.

Exercice 4
Marina *fait* de l'informatique.
Marina *aime* le cinéma
Christian *fait* du tennis.
Christian *aime* les langues étrangères.
Robert *adore* la neige.
Robert *fait* du ski.
Alice *fait* de la danse.
Alice *aime* lire.

4 LOISIRS
page 11

Exercice 1
A. il regarde la télé
B. il lit un roman
C. elle va au cinéma
D. ils jouent aux cartes
E. elle écoute la radio
F. ils dansent

Exercice 2
1. V
2. V
3. F
4. V
5. F
6. on ne sait pas
7. F

Exercice 3
il pleut ; aux cartes ; regarde ; rien ; devoirs ; aussi ; mieux.

5 UN PEU DE MATHS
page 12

Exercice 1
1. $2 + 5 = 7$
2. $12 - 4 = 8$
3. $18 : 3 = 6$
4. $3 \times 5 = 15$
5. $14 + 6 = 20$
6. $19 - 15 = 4$

Exercice 2
1. $7 + 21$
2. $5 + 6$
3. $8 + 8$
4. $9 + 4$
5. $10 + 11$
6. $3 + 12$
7. $11 + 7$
8. $4 + 15$

Exercice 3
1. 236
2. 94
3. 1300
4. 73
5. 199
6. 58

Exercice 4
1. Quatre-vingt-sept
2. Quatre-vingt-quinze
3. Soixante-huit
4. Soixante-douze
5. Quatre-vingt-dix-neuf
6. Quarante-six
7. Cent cinquante-trois
8. Trois cent trente-cinq

6 L'ANNIVERSAIRE
page 13

Exercice 1
du coca
de l'orangeade
un gâteau
des bougies
des guirlandes
des cadeaux
des chocolats
des CD
des sandwichs

Exercice 2
j'apporte le gâteau
on peut faire ce qu'on veut
vous êtes tous invités
bonne soirée à tous
je te souhaite " Bon anniversaire ! "
tu t'occupes de la musique

Exercice 3
1. samedi
2. à 21h
3. Josiane
4. il va chez ses grands-parents

7 CONSOMMATIONS
page 14

Exercice 1
À manger : un croissant, un sandwich, une glace, un pain au chocolat, un citron.
À boire : un café crème, un café, une boisson, un thé, du lait, un jus de fruits, de l'eau.

Exercice 2
A. Il a soif; **B.** Elle a froid; **C.** Il a faim; **D.** Elle a chaud.

Exercice 3
Pierre : une glace
Julie : un café crème et un sandwich
Martine : un thé nature
Olivier : un jus d'orange

Exercice 4
1. C ; **2.** A ; **3.** B

Exercice 5
1. Non je n'ai pas de croissants.
2. Je ne veux ni thé ni café.
3. Je ne prends pas de jus d'orange.
4. Je ne veux pas de glace.

8 S'ORIENTER
page 15

Exercice 1
A. 2 ; **B.** 4 ; **C.** 1 ; **D.** 3

Exercice 2

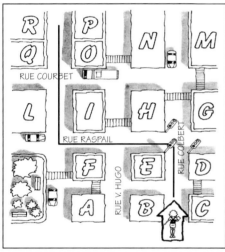

L'immeuble R

Exercice 3
1. Sylvie/elle doit préparer un exposé.
2. Elle doit aller à la bibliothèque.
3. À trois heures.
4. Devant la bibliothèque.
5. Non, Sylvie lui donne des indications.

9 AUX GRANDS MAGASINS
page 16

Exercice 1
Sandra : Regarde maman, si elle est jolie !
Maman : Quoi ?
Sandra : La jupe rose, dans la vitrine.
Maman : Oui, c'est vrai, elle est jolie, mais elle coûte cher. 32 euros !
Sandra : Pas tellement, elle est en soie, tu sais.
Maman : Bon, si tu veux, on va entrer voir.
Sandra : Oui, d'accord.
La vendeuse : Mesdames... vous désirez ?
Sandra : Je voudrais voir la jupe rose, dans la vitrine, je peux l'essayer ?
La vendeuse : Oui, bien sûr ! Votre taille, s'il vous plaît? ?
Sandra : 38.

Exercice 3
A. Le pull blanc coûte moins cher que le pull noir.
B. Le sac à pois est plus petit (moins grand) que le sac à fleurs.
C. Aujourd'hui il fait plus chaud qu'hier et aussi chaud que demain.

10 QUIZ CULTUREL N° 1
page 17

1. B ; **2.** B ; **3.** A ; **4.** A ; **5.** C ; **6.** A ; **7.** B ; **8.** C ; **9.** C ; **10.** A

11 AU TÉLÉPHONE
page 18

Exercice 1
Une personne qui appelle :

Allô, Philippe est là ?
Allô, je voudrais parler à Corinne, s'il vous plaît ?
Est-ce que je pourrais parler à Jean ?
Vous pouvez me passer Monsieur Fleurus ?
Je peux laisser un message ?
Je vous rappelle dans quelques minutes.

Une personne qui répond :

Non il n'est pas là.
C'est de la part de qui ?
Qui est à l'appareil ?
Il est occupé, vous patientez ?
Ne quittez pas, je vous le passe.
Il n'est pas dans son bureau, je vous fais rappeler ?

Exercice 2
a. 2 ; **b.** 3 ; **c.** 4 ; **d.** 1 ; **e.** 4 ; **f.** 1 ; **g.** 2 ; **h.** 3.

12 UNE RENCONTRE
page 19

Exercice 1
A. une maison
B. un appartement
C. un quartier
D. un immeuble
E. un jardin
F. une terrasse
G. un balcon

Exercice 2
1. F *Jean habite rue Victor Hugo, Philippe habite rue La Fontaine*
2. F *Philippe vient d'habiter dans le quartier.*
3. V
4. F *Le jardin est devant la maison*
5. V
6. F *Le numéro de Philippe est le 04 45 29 30 78.*

13 VOYAGER
page 20

Exercice 1
1. Train grande vitesse
2. Société nationale des chemins de fer français
3. Aller Retour
4. S'il vous plaît
5. Vélo tout terrain
6. Bande dessinée

Exercice 2
A. achète deux billets	D	réserve une place	M
B. pour une personne	M	pour deux personnes	D
C. aller simple	M	aller retour	D
D. première classe	M	deuxième classe	D
E. part aujourd'hui	D	part demain	M
F. à 18h30	M	à 14h30	D
G. 32,50 euros	D	87 euros	M

Exercice 3
Billet n. 1 Michel
Billet n. 2 Daniel

14 VÊTEMENTS
page 21

Exercice 1
Odile : mini jupe , chemisier, baskets
Sandra : pantalon, T-shirt, chaussures

Exercice 2
1. C ; **2.** F ; **3.** A ; **4.** D ; **5.** B ; **6.** E.

CORRIGÉS

15 LES COURSES page 22

Exercice 1
A. des pommes de terre
B. du jambon
C. un melon
D. du raisin
E. des pêches
F. des cerises
G. une tarte
H. une glace
I. de la confiture
J. de la salade

Exercice 2
À la boulangerie on achète du pain.
À la boucherie on achète de la viande.
À l'épicerie on achète du café.
Aux fruits et légumes on achète des carottes.

Exercice 3

Dialogue	lieu	qui parle à qui	produits à acheter
1	à la maison	la mère à son fils	des pommes de terre, un melon, de la salade, des cerises, de la glace
2	au magasin	la vendeuse à une cliente	des pêches, du raisin, du lait. De la confiture, du café
3	au téléphone	la femme à son mari	du pain, deux croissants, deux pains au chocolat

Exercice 4
des pêches   un kilo
du raisin   une livre
du lait   un litre
de la confiture un pot
du café   un paquet

16 LA JOURNÉE DE MÉDOR page 23

Exercice 1
7h   on se lève
7h30   on prend son petit déjeuner
8h   on sort
midi   on déjeune
14h   on fait la sieste
16h   on rentre de l'école
17h   on fait ses devoirs
20h   on dîne
21h   on regarde la télé
22h   on va se coucher

Exercice 3
bonne heure
le premier
le petit déjeuner
très vite
8 heures et demie
en retard
me distraire
m'arrête
à la maison

17 J'AI MAL PARTOUT page 24

Exercice 1
C

Exercice 2
1. Depuis hier
2. 38 le matin et 39 le soir
3. De l'aspirine et des vitamines
4. Parce qu'il doit participer aux championnats d'athlétisme.

Exercice 3
1. B ; 2. C ; 3. D ; 4. A.

Exercice 4
De l'aspirine, un sparadrap, un thermomètre, des pilules, du sirop.

18 HORAIRES page 25

Exercice 1
Pancarte n. 2

Exercice 2
A. 4 ; B. 2 ; C. 6 ; D. 1 ; E. 5 ; F. 3.

Exercice 3
1. Il est cinq heures et quart.
2. Il est dix heures moins le quart.
3. Il est vingt-trois heures vingt.
4. Il est sept heures dix.
5. Il est vingt-deux heures quarante.
6. Il est midi cinq

19 CADEAUX page 26

Exercice 1
des lunettes de soleil
un sac à dos
des rollers
une cravate
un parfum
un bijou
un sac de voyage

Exercice 2
Céline - des lunettes de soleil
Olivier - des rollers
Papy - une cravate
Mamie - un sac de voyage

Exercice 4
1. Cette jupe est pour elle.
2. Ce journal est pour lui.
3. Ce tableau est pour eux.
4. Ces CD sont pour elles.

20 QUIZ CULTUREL N° 2 page 27

1. B ; 2. C ; 3. A ; 4. B ; 5. A ; 6. A ; 7. B ; 8. A ; 9. C ; 10. B

21 MESSAGES TÉLÉPHONIQUES page 28

Exercice n 1

Appel n°	qui appelle	raison de l'appel
1	Anita	confirmer un rendez-vous
2	Jean	ne rentre pas pour le dîner
3	Christine	invitation pour le week-end
4	la banque	passer à la banque

Exercice 2
a. ne manquez pas surtout !
b. c'est urgent
c. je suis désolé
d. si tu as des problèmes

Exercice 3
1. Ne venez pas avant huit heures.
2. Ne pars pas tout de suite.
3. Ne m'attends pas devant la bibliothèque.
4. Ne lui laissez pas de message.
5. Ne les invitez pas pour le week-end.
6. Ne l'appelle pas ce soir.

22 DE LA PLUIE ET DU BEAU TEMPS page 29

Exercice 1
dans l'ordre :
le soleil
quelques nuages
très nuageux
la pluie
le brouillard
l'orage
la neige
le vent

Exercice 2

a. L'été	va du 21 juin	au 20 septembre
b. l'automne	va du 21 septembre	au 20 décembre
c. l'hiver	va du 21 décembre	au 20 mars
d. le printemps	va du 21 mars	au 20 juin

Exercice 3

1. Quand il fait du soleil il faut un chapeau.
2. Quand il pleut il faut un parapluie.
3. Quand il fait froid il faut un pull.
4. Quand il neige il faut un bonnet et des gants.

Exercice 4

1. Maman réveille Marc à huit heures.
2. On est au printemps.
3. Il va faire des orages.
4. Demain il va faire de la pluie et du beau temps.

23 VISITE AU ZOO　　　　　　　　　page 30

Exercice 1

A. le lion ; **B.** le crocodile ; **C.** l'éléphant ; **D.** le singe ; **E.** le zèbre ; **F.** le chameau ; **G.** le serpent ; **H.** l'ours.

Exercice 2

Récit n° 2

24 LES VACANCES　　　　　　　　　page 31

Exercice 1

A. J'aime les vacances à la mer
B. Je préfère la montagne
C. J'adore le lac
D. Je préfère rester chez moi
E. Je vais souvent à l'étranger
F. J'aime beaucoup la campagne

Exercice 2

dialogue n.	qui parle à qui	lieu de vacances	période
1	un élève et son prof	la mer	en juillet
2	deux amis	la Grèce	en août
3	un père et son fils	la montagne	le week-end
4	un mari et sa femme	le lac de Garde	en septembre

25 RENDEZ-VOUS　　　　　　　　　page 32

Exercice 1

1. Je t'appelle au sujet de notre projet commun.
2. Demain à trois heures, ça te conviendrait ?
3. Je vais à Lyon pour m'inscrire à un cours.
4. Je préférerais dans l'après-midi.
5. Ce serait plus agréable qu'au lycée.
6. Je t'attends chez moi.

Exercice 3

1. F *Jean-Claude appelle Béatrice.*
2. F *C'est pour un rendez-vous.*
3. V
4. F *Jean-Claude va à Lyon.*
5. V
6. F *Le rendez-vous est fixé pour mercredi.*
7. V

Exercice 4

1. On *pourrait* se voir demain ?
2. Quand est-ce que vous *pourriez* passer ?
3. Je *préférerais* partir tout de suite.
4. Nous *voudrions* rester avec vous.
5. Tu *pourrais* te taire, s'il te plaît !
6. Mes copains *aimeraient* aller au restaurant.

26 PHOTOS　　　　　　　　　page 33

Exercice 1

de la mer, on rapporte des coquillages
de la montagne, des petits sabots
de New York, la statue de la Liberté
de Venise, une gondole
de Paris, la Tour Eiffel

Exercice 2

Je vais chercher mes photos de vacances chez le photographe.
La Guadeloupe est une île des Antilles.
J'y suis allé à Pâques.
Je corresponds avec Nadine par Internet.
J'ai rapporté des souvenirs de la Guadeloupe.
Sur la plage j'ai trouvé des coquillages.

Exercice 3

1. V
2. F *Il y est allé au printemps.*
3. V
4. F *Il correspond par Internet.*
5. F *Il a rapporté un chapeau de paille aussi.*

27 AU POSTE DE POLICE　　　　　　　　　page 34

Exercice 2

1. une carte d'identité
2. un permis de conduire
3. un stylo
4. un paquet de mouchoirs
5. un miroir
6. un carnet d'adresses
7. des clés
8. un portefeuille

Exercice 3

A. Elle va au poste de police.
B. Parce qu'elle a subi un vol.
C. Une déclaration de vol.
D. Au marché.
E. Non, il y avait beaucoup de monde.

28 UN VOYAGE　　　　　　　　　page 35

Exercice 1

a. il a pris un taxi
b. il prend le métro
c. il monte dans le train
d. il descend de l'avion

Exercice 2

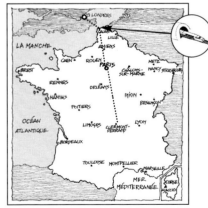

Exercice 3

1. Il a pris l'autobus, le train, le métro.
2. Parce qu'il a peur.
3. Il a attendu dix minutes.
4. À Paris il a changé de gare.
5. Les autres voyageurs étaient anglais.
6. Tom l'attendait à Londres.
7. Il ne parle pas un mot d'anglais.

CORRIGÉS

29 L'AVENIR page 36

Exercice 1
A. elle est médecin
B. il est architecte
C. il est mécanicien
D. elle est vendeuse
E. il est informaticien
F. elle est danseuse
G. il est chauffeur
H. elle est coiffeuse

Exercice 2
Vincent veut être médecin.
Véronique veut être institutrice.
Laura veut être chanteuse.
François veut être photographe.

Exercice 3
Vincent **a**.
Véronique **b**.
Laura **a**.
François **b**.

30 QUIZ CULTUREL N° 3 page 37

1. B ; 2. A ; 3. C ; 4. A ; 5. A ; 6. B ; 7. A ; 8. C ; 9. C ; 10. B

LEXIQUE

Le lexique contient tous les mots qui apparaissent dans les fiches, avec le numéro de la page où ils apparaissent. Les verbes sont listés à l'infinitif, les adjectifs au masculin singulier.

A
accepter 32
acheter 20, 22
adolescent 8
adorer 10, 31
adresse 9
africain 30
âge 10
agréable 32
aider 21, 36
aimer 10, 11, 31, 36
aller 9, 11, 15, 18, 32
aller retour 20
aller simple 20
alpinisme 10
ami 13, 14, 8
anglais 35
animal 30
anniversaire 13
annoncer 20
août 9
appareil 18
appartement 19
appeler 18, 28, 32
apporter 13
après-midi 29, 32
architecte 36
argent 36
arriver 23
attendre 18, 28, 32, 35
au revoir 8
aujourd'hui 20, 30
autobus 35
automne 29
avion 35

B
bague 37
baguette 37
balcon 19
baroque 27
basket-ball 37
beau-père 27
bibliothèque 28
bijou 26
billet 20
blanc 17 30
bleu 10 17
blond 10
boire 14
boisson 14
bon 13, 16, 8
bonne heure 23
bosse 30
boucherie 22
bouillabaisse 37
boulangerie 22
boum 21
brouillard 29
brun 10
bureau 18, 8

C
cadeau 26
café 14, 22
café crème 14
cage 30
camarade 18
camembert 37
campagne 17, 31
carnivore 30
carotte 22
carré 27
carte 9 11
CD 26
cerise 22
chaîne télé 17
chameau 30
champagne 17
chasser 30
chat 30
chaud 14
chauffeur 36
chaussure 21
chemin 15
cher 16
chercher 33
chérie 8
choisir 21
chose 11
cinéma 10
citron 14
classe 23 30
club 9
coiffeuse 36
collège 10, 37
collègue 8
commencer 23
communication 18
confiture 22
connaître 15
contrôleur 20
convenir 32
copain 11, 32
copine 26
coquillage 33
correspondre 33
côté 19
courage 30
cours 32
cousin 13
coûter 16
cravate 26
crocodile 30
croissant 14

D
danse 10
danser 11
danseuse 36
date 9
début 37
décembre 29
déjeuner 22
demain 20, 29, 32
demander 18, 20, 21

dernier 23
derrière 19, 30
descendre 20, 35
désirer 16
deux 20, 8
deuxième classe 20
devoir 11, 15, 23
difficulté 36
dimanche 25
dîner 19, 22, 23
dire 28
discothèque 11
discuter 32
docteur 24
donner 15, 36
douche 30
droit 15
droite 15
dromadaire 30

E
eau 14
école 10, 16, 23
écouter 11
élégant 21
éléphant 30
élève 36
enfant 14
énorme 30
ensuite 30
entrer 20
épicerie 22
essayer 16
été 33
étranger 31
être 13, 18, 9
euro 16, 20
événement 36
éventualité 28
examen 37
excuse 18
exprimer 28

F
faim 14
faire 10, 11, 13, 15, 18, 23
femme 14
fermeture 25
féroce 30
fête 13, 28, 37
fièvre 24
fille 14 8
film 11
fin 37
fleuve 16
football 17, 37
forêt 30
francophone 17
frère 36
frisé 10
froid 14, 29
fruit 22

G
garçon 14
gare 20
gâteau 13
gauche 15
glace 14, 22
gondole 33
gorge 24
gothique 27
goûter 22
grand 10
grand-père 27
grands-parents 13, 26
grippe 24
gros 30
guérir 24
guerre 37
guide 30

H
habiter 9, 19, 32
haut 16
herbe 30
herbivore 30
heure 13, 15, 28, 29, 32
heureusement 30
hexagone 27
horaire 25
huit 28

I
île 33
immeuble 19
indien 30
informaticien 36
informatique 10
insister 18
intéressant 11
Internet 33
invité 13
inviter 13, 28

J
jambon 22
jardin 19
jaune 17, 27
jeudi 13, 25
joli 16
jouer 11, 36
joueur 17
jour 13, 24
journal 26
juillet 37
juin 37
jupe 16, 26
jus d'orange 14
jus de fruits 14

K
kilo 22

LEXIQUE

NOTES